如何培养面向未来的孩子

诸葛越 著

浙江教育出版社·杭州

图书在版编目（CIP）数据

如何培养面向未来的孩子 / 诸葛越著 . -- 杭州：浙江教育出版社，2021.6
（教养升级）
ISBN 978-7-5722-1586-5

Ⅰ.①如… Ⅱ.①诸… Ⅲ.①儿童教育—家庭教育 Ⅳ.① G78

中国版本图书馆 CIP 数据核字（2021）第 059794 号

版权合同登记号　浙图字 11-2021-103

教养升级（全四册）
JIAOYANG SHENGJI（QUAN SI CE）
楼　夷　周育如　康　妮　诸葛越　著

责任编辑：赵清刚
美术编辑：韩　波
责任校对：马立改
责任印务：时小娟
出版发行：浙江教育出版社
　　　　　（杭州市天目山路40号　电话：0571-85170300-80928）
印　　刷：河北鹏润印刷有限公司
开　　本：787mm×1092mm　1/32
成品尺寸：126mm×185mm
印　　张：15.5
字　　数：190 000
版　　次：2021年6月第1版
印　　次：2021年6月第1次印刷
标准书号：ISBN 978-7-5722-1586-5
定　　价：72.00元（全四册）

如发现印装质量问题，影响阅读，请与本社市场营销部联系调换。
电话：0571-88909719

序

我不是女超人,我只是有办法

职场经验让我学会了
如何"优化"对孩子的教育,
知道关注什么、放手什么、
日常训练什么、重点培养什么。

我是一个互联网行业的技术管理者，2006年从硅谷回到北京，现在在美国视频媒体公司Hulu担任全球副总裁、中国区研发中心总经理。

同时，我是两个男孩子的妈妈。老大在英国剑桥大学读书，老二在上高中。

我刚刚撰写了一本分享教育心得的书《魔鬼老大，天使老二》，在"得到"App上有电子版。

我是斯坦福大学的计算机博士，做过研究员、产品经理，在微软、雅虎等互联网公司带过技术团队，也做过创业公司的CEO。目前我的团队在研究非常前沿的技术，比如人工智能和机器学习、算法、大数据、视频理解等。我和我的团队还撰写了关于机器学习的技术书《百面机器学习》。

作为家长，我对教育也有浓厚的兴趣，在儿童教育方面阅读了大量的书籍，且进行了研究。

我经常写教育博客，也有自己的公众号。我还常常就孩子教育的选择问题给周围的朋友做教育咨询。

在这本书里，我会跟你分享如何把职场力运用于家庭教育。之所以选择写这样一个主题，是因为我观察到了中国父母的教育痛点。

今天的中国父母，尤其是精英阶层，投入了大量时间和精力在孩子的教育上，这跟欧美国家的精英阶层非常相似。这些年，不管是在硅谷，还是回到北京，我身边都有许许多多这样的家庭和孩子。妈妈尤其在孩子的教育方面承担了许多工作，付出了大量时间。

同时，今天的中国职场又赶上了一个女性蓬勃成长的时代，越来越多聪明能干的女性在工作中承担着越来越重要的职责。即便在我从事的这种传统上男性占绝对优势的计算机行业，也是如此。

一个人的时间有限，一天只有 24 小时，孩子的教育和自己的事业发展看上去有些矛盾，很多人觉得，顾得了这头就顾不上那头。有很多女性朋友因此觉得非常疲劳和焦虑。

这些年我是一手带大了自己的孩子,而且,我的孩子一点都不比别的孩子好带。正如书名《魔鬼老大,天使老二》那样,我家老大倔强而聪明,甚至比一般的孩子更难带。同时,在孩子成长的这十几年里,我的职业发展也一路并行,不但没有停滞、退步,反而不断爬升。

我并不是女超人,我只是有自己的办法。

相比于一般的妈妈,在孩子的教育方面我有独特视角。这个独特的视角来源于我对世界顶尖人才所在职场的理解,对未来世界所需技能的理解,以及对东西方教育的深度思考。

我不断从工作的角度,观察自己身处的高科技公司里,这些从世界一流大学毕业的年轻人。我发现他们的过人之处,也留意他们素质上的欠缺。在教育自己孩子的时候,这些经历给了我重要的启发。职场的经验让我学会了如何"优化"对孩子的教育，知道关注什么、放手什么、日常训练什么、重点培养什么。

通过这本书，我想把自己的观察、思考和实践都分享给你。希望能够帮到既想照顾好、教育好孩子，又想在自己职业道路上不断成长的女性。

同时，我希望爸爸们也能读读这本书。我常常在公司做高管培训，发现培养孩子的未来技能和培养职场需要的领导力有很多相通之处。相信我的职场经验对很多爸爸也会有帮助。这些年来很欣慰地看见更多的爸爸加入对孩子的教育中来，爸爸对孩子教育的参与非常必要，也非常重要。

这本书一共有 7 章。

01 章，我会从一个公司管理者的角度告诉你，好公司会录用什么样的年轻人。给你一个养育孩子终局思维的视角。

02 章，我会分享我认为的在教育孩子方面最重要的四件事，包括价值观塑造、时间管理、阅读和运动。这是家长最该花力气的地方。

03章，我会告诉你一些在教育孩子方面不必花太多精力的事。实际上，很多妈妈觉得自己疲惫不堪，主要是因为管得过多。有些事情，你管得越多，对孩子的成长越没好处。

04章，我会跟你分享如何从职场中借力，将工作方法运用到管理孩子中。

05章，我会跟你分享如何在教育孩子的过程中反向提高自己的职业能力。

从这两章你就会看出来，职场奋斗跟孩子养育完全不是矛盾对立的，在各自系统中掌握的能力，可以运用于对方的系统。

06章，讲职场妈妈的时间管理。永远有100件、1000件家里和公司里的事等着你去处理，我会告诉你如何合理分配时间。

07章，讲团队建设。妈妈想要不那么辛苦，一定不能对所有事情大包大揽，而是要组织起一个队伍，不管是你的伴侣、家里的长辈，还是可以利用的社会资源，如保姆、阿姨，或是跟你一样养育孩子的朋友，你都应该把他们调动起来，学会给自己减负。

另外，我还在附录部分就目前家长普遍关心的如何限制孩子使用电子产品，如何培养阅读习惯、运动习惯，以及性格内向的孩子如何与他人自信交往等问题谈了一些自己的看法和我在生活中的具体做法，希望对家长养育孩子能有启发和帮助。

我想跟所有和我一样的家长分享一句话：孩子成长，我们成长。在孩子成长的过程中，其实我们能学到很多很多。

目录

01 好公司会录用什么样的年轻人

教育的终局思维 ·002
面向未来的四类技能 ·005

02 教育孩子最重要的四件事

价值观塑造 ·014
时间管理 ·016
阅读习惯培养 ·021
提高运动的优先级 ·024

03 教育孩子不必花太多精力的事

不要陪孩子做作业 ·028
放下无微不至的照顾 ·031
身教大于言传 ·033
不要迷信系统化的标准 ·034

04 用工作方法教育孩子

关于学习的思考 ·039
日常持续的沟通 ·042
对孩子的尊重和授权 ·046

05 教育孩子可以反向提高职业能力

情绪管理的提升 · 053
学习方法和教育理论的更新 · 055
团队协作能力的加强 · 058

06 职场妈妈的时间管理

要事第一,抓住重点 · 062
大胆放弃,简化生活 · 064
找到方法,优化方案 · 067

07 你不要一个人去战斗

依靠伴侣和亲人 · 073
善用社会资源 · 076
借助友邻的支持 · 078

附录 父母最关心的孩子教育的四个问题

如何限制孩子对电子产品的使用 · 084
如何培养孩子的阅读习惯 · 092
如何培养孩子的运动习惯 · 098
如何让性格内向的孩子自信地与他人交往 · 104

出版说明

01

好公司会录用什么样的年轻人

养育孩子的最终目的，
是为了把他培养成独立的人。

你可能觉得很奇怪，为什么一本亲子教育的书一上来先说职场招聘？

在我看来，这是教育的终局思维。我们养育孩子的最终目的是什么？不就是为了把他培养成独立的人吗？让孩子最终掌握独自谋生的能力，即使脱离了家庭和父母的庇护，也能事业成功、生活幸福。

╳ 教育的终局思维

作为家长，你的终极目标不是把孩子送进名校了事，而是在孩子走出校门以后，还能帮他杀出重围，让好公司、大公司愿意吸纳他这样的新鲜血液，或是让他有能力创立自己的事业，能够独立、快乐地体验自己的人生。

多年以来,我一直在互联网行业工作。以前在硅谷的时候,做过技术工作,做过产品经理,后来慢慢转入管理。我现在负责公司在北京的数百人研发团队的管理工作,我的主要职责其实就是招人、培养人。通过这些年的招人和管理人,我也算得上阅人无数。

我的团队里面都是非常顶尖的人才。他们基本上都是从中国乃至全球一流大学毕业的硕士和博士,学的也是计算机或者电子工程等近年来非常火的专业。站在比较俗气的角度,看看这些人挣多少钱就知道他们有多优秀了,而且他们的确是在引领世界的变化。

拿校园招聘来说,从投简历(投简历的已经是非常优秀的学生了)到笔试再到一轮轮的面试,我粗略地算了一下,我们公司的录取率是1.6%左右。也就是说,在几千个投简历的人中,最后只录取几十个人。好公司的职位竞争就是这么激烈。

作为团队的负责人，我能看到被录用的学生普遍具有的优点，比如他们通常有扎实的基础知识，有良好的表达能力、合作能力，能够长时间保持专注，对自己有准确的定位，对未来有很好的规划等。

我也能看到被录用的或者没有被录用的学生的缺点。比如，一个名校博士，每次我问他一个问题，他马上就能背一篇书回应你，而且背得全都对。但是，他的回答中缺少他自己的内容，缺乏独立、深入的思考。他的教育背景虽然非常符合招聘的要求，但是我们非常犹豫要不要录用他。

所以，即使你把孩子送进了名校，念了博士，书上教的东西他都学会了，公司是否会录用他还是不确定的。

作为两个孩子的母亲，我很希望我的孩子将来不管学什么专业，都能具备我看中的那些年轻人身上所拥有的优秀特质。同时我也会反思，我不愿意录用的那些孩子的短板到底是什么，我的孩子能不能避免。

在这本书里，我会把自己在职场和养育孩子这两件事上互动思考的成果，分享给你。

✕ 面向未来的四类技能

今天的世界发展非常之快，具体体现在：

第一，世界发展的速度越来越快。

我们用的手机比几十年前登月用的电脑的能力还要强。过去看来很难的技术，比如导航，现在已是普及率非常高、人们生活离不开的技术了。过去的技术变革要经历几十年甚至几百年，但现在很炫的新科技，比如人脸识别、无人驾驶，很可能在5年之内，甚至是2年之内，就能实现乃至普及。

信息技术让世界变化得越来越快，这让很多人产生了对现代孩子教育的焦虑。

第二，资源的分配越来越不平均。

"80/20"的原理大家都很熟悉，即20%的电影大片赚了80%的票房，20%的人做80%的事，20%的人挣80%的钱。而现在的世界很可能已经不再符合"80/20"原理了，而是更符合"90/10"，甚至是"99/1"的原理。信息技术带来了各种资源、人才集中的效果，使得社会上、中、下层资源的分配非常不平均。

在这种情况下，我们需要让孩子具备哪些技能，才能让他将来拿到一个好的offer（录取通知书）——无论是公司的好offer，还是人生的好offer？

以前我们都把技能分成硬技能和软技能，数、理、化等学科属于硬技能，表达沟通能力等属于软技能。但这个分类相对简单。我把我观察到的那些年轻学生具备的优秀特质总结为四类技能，这四类技能之间的关系就像一棵树。

形象地说，作为父母，你要帮助你的孩子长成这样一棵树。

身心健康	同理心、应对挫折的能力、乐观、自信等
综合技能	合作、创造、设计、审美、战略、项目管理等
基础技能	识字、解题、历史、地理、写作表达、画画、音乐、体育等
成长心态	主动的阅读能力，不断学习新东西，要有批判思维等

每个孩子都是一棵树

这是一棵顶上有星星的树，我叫它"技能树"。树身分成上、下两段，底下宽的那段，叫"基础技能"；上面尖的那段，叫"综合技能"。树干是"成长心态"，而树顶上的星星，指的是"身心健康"。下面我会分别介绍一下这四种技能。

一是基础技能。

基础技能就是在学校里能够学到的那些技能和知识,比如说识字、解题、历史、地理、写作,以及画画、音乐、体育等。它也可以很难很深,比如微积分、高等物理。

基础技能非常重要,它们是未来建立高楼大厦的地基和砖头。学校是一个学习基础技能的好地方,哪怕是大家有各种意见的中国应试教育,其实在教基础技能方面,做得相对是比较好的。

但我想强调的是,一个人仅有基础技能是不够的。

二是综合技能。

在基础技能之上的是综合技能,这是一个人把多个基础技能合在一起,做成一件事情的能力,或是多个人一起组成团队,把每个人不同的技能合在一起,做成一件事情的能力。

综合技能包括合作、创造、设计、审美,还包括战略、项目管理等。这些技能听起来比较高深,小孩子需要掌握这些吗？一群大人在一起造火箭或者研究无人驾驶汽车，是运用综合技能做成一件大事，那么孩子小的时候照样应该培养这样的综合技能，去做成一些力所能及的小事。

比如，对于一年级的小朋友来说，学习用温度计测温度并记录下来，这是基础技能，非常简单。如果给一组小朋友一个任务，让他们用测量的方法测出学校周围哪个位置的温度最高，这就是需要用到综合能力的事情了。有的孩子负责测室外，有的孩子负责测室内，有的孩子负责测楼上楼下。

在测量的过程中，有的孩子会出错，有的孩子测完回来忘了测出的数值，或者所测温度明显不符合常识，还得有人做出判断，再重新去做。最后，他们还要把测量到的温度汇总在一起，得出哪里最暖和的结论。也许还需要画一张图，展示测量的结果。

虽然测量时用到的基础技能很简单，但是同时还需要沟通、合作、发现差错，甚至是用到很多审美和设计等方面的综合技能。

东方教育偏重基础技能，西方教育更注重综合技能。其实，一个出色的孩子应该同时具备这两种能力。

很多家长有一个误区，认为基础技能在学校学，综合技能长大了或者工作了以后再学。通过上面我举的例子，你可以发现，从幼儿园开始到小学、中学，综合技能是可以跟基础技能一起发展提升的。一开始做的也许是小事，但只有这样，长大了才能驾驭大事。综合能力强的孩子，未来的后劲会特别足，也更容易在工作中脱颖而出。

三是成长心态。

前面那棵树的树干，我叫它"成长心态"。以前，一个人读完了博士，有了学历，找一份工作，然后一辈子基本上就不会有什么大的变化了。但是现在，随时都有新的信息出现，有新的事情发生。读完大学后只知道大学里学到的知识是远远不够的，若不跟上时代的步伐，终会被时代淘汰。在新的时代形势下，成长心态变得非常重要。

斯坦福心理学教授卡罗尔·德韦克（Carol Dweck）在《终身成长：重新定义成功的思维模式》（*Mindset: The New Psychology of Success*）一书中提出了"成长型思维"的概念。

拥有成长型思维的人认为，智力是可塑的，可以通过教育和努力提高。他们会用乐观积极的态度去面对各种问题、困难和挑战。拥有成长型思维的人做事不易放弃，更能从过程中享受到乐趣，更容易寻求帮助，更加坚毅，所以更易获得成功。

培养成长心态，就是要让孩子意识到，技能、知识不是死板的，人也不是死板的。新鲜的、以前不懂的事物，可以慢慢去弄懂。人要有主动的阅读能力，不断去学习新东西；要有批判性思维，看到自己的不足。有了这个饱含成长心态的树干，这棵树才会随着时代的潮流长大、长高。

四是身心健康。

这棵树顶上的星星，我称之为"身心健康"。

现在越来越多的父母都意识到了孩子身体健

康、生活快乐的重要性。但在这里我还想强调几个可以归入身心健康的能力和心态。

哈佛大学的一项著名研究成果表明,最幸福的人其实并不是最聪明或者最有钱的人,而是能够帮助他人并感觉到自己的价值、有很多好朋友、和他人有亲密关系的人。所以,关心他人、有同理心是身心健康的重要部分。

我们希望自己的孩子自信、乐观,但孩子在成长过程中一定不会一帆风顺。所以,应对挫折的能力也是身心健康的一部分。

有了这棵技能树,我们的孩子就能够成为一个"完整"的人(The Whole Child)。这棵树,也同样是我们作为公司录用新人、培养领导力的框架。

以上我从好公司会录用什么样的年轻人的角度出发,指出了一个孩子在成长过程中应该有的技能。下一章,我会以此为基础,告诉你孩子教育中最重要的事。

02

教育孩子最重要的四件事

教育千头万绪，
但有四件事，
父母一定要花时间和力气去做。

作为一个职业女性,我的职业道路的发展跟两个孩子的成长是完全并行的。在孩子十几年的教育过程中,一个母亲有成千上万件事情可以做;在事业发展的过程中,一个职场人士也有很多自己的事情需要做。但一天就那么多时间,人就那么多精力,总得在做什么和不做什么中做出选择。

基于上一章对孩子四类技能的认识,这一章,我会跟你分享无论如何家长都应该花时间和力气做的四件重要的事情。

✕ 价值观塑造

价值观是我们内心认同的、做人应该具备的基本观念和标准。看上去很宏大的价值观,需要你在日常生活的点点滴滴中引导和教育孩子。但需要注意的是，你传递给孩子的不能只是你嘴上说的，而必须是你真正认同，并在实际生活中也这么做的。如果你说一套做一套，孩子的价值观也很可能是混乱的。

举例来说，我希望我的孩子能够平等待人，尊重所有的人，尤其是以劳动为生的人。无论他是清洁工还是公司总裁，是南方人还是北方人，是黑人还是白人，无论他是我们的下属还是老板，我们与所有人的交往都应该以平等、尊重开始。具体的办法，首先是要带孩子多见识、多体验。

我们上周刚从广西支教回来，一起去的孩子们非常享受这个过程，也和当地的孩子建立了非常深厚的友谊。他们知道，除了环境不同，大城市和乡村长大的孩子没有太多的不同。

我传递给孩子的价值观非常简单平实：善待他人、善待自己、没有偏见、简单生活、做有用的人。每个家庭和每个人的价值观都是不一样的，作为父母，需要想好哪几个方面对你和孩子最重要，以及为什么。

价值观的塑造不是一日一时可以完成的。我们需要在孩子成长的过程中，抓住每次机会做出榜样，展示正确的观点。要注意的是，价值观不是立场也不是喜好。比如说孩子学不学钢琴、长大是否出国，这些都是选择和喜好。这些方面，父母不一定要孩子必须听自己的，他们应该有独立选择的权利。

价值观，属于我们内心认同、不愿退让的东西。

✕ 时间管理

作为父母，也许孩子很小的时候，事事都需要你亲力亲为，但长大以后你不应该再帮他太多。这不仅仅是因为很多功课你后来就不懂了，也没时间，还因为学习和生活本身就是属于孩子的，我们不应该代替他们。

研究表明，父母过于溺爱或者过多干涉，都对孩子的自信心、独立性、驱动力有很大的负面影响。作为一个职场妈妈，我最大的目标就是要让孩子"自动驾驶"。那么，怎样才能让孩子把自己放到一个很好的轨道上，高效学习、高效做事、高效成长呢？很关键的一点是时间管理。

孩子在开始接触抽象的时间概念的时候，肯定是不擅长时间管理的，这就需要父母用心、用对方法，系统化地培养孩子时间管理的技能和习惯。

教孩子时间管理，我有三个比较简单的方法。

第一，让孩子看见自己的任务。

时间是抽象概念。很多让父母抓狂的孩子的行为，不是他们故意拖沓，而是他们不懂时间是怎么回事，或者不知道一件事需要多长时间完成。所以最好的时间管理办法，就是帮孩子"看见时间"。

比如，孩子要完成语文、数学和英语三门课

程的作业，那么你可以把它们写在一张纸上，然后算算完成每一门功课大概需要多长的时间。时间对孩子来说理解起来比较抽象，你可以帮他用具象的方式呈现，把时间按长短画出大小不同的圈或线条，让孩子看见自己还有多少工作。

如果孩子更小，还可以用一些好玩的方法，比如用贴纸、玩具之类的来表示任务。如果有三个任务，做完一个就贴一个贴纸，或奖励一个玩具。你一定要用一种直观的方式让孩子知道他有多少任务，这跟我们大人在自己生活、工作中列任务清单是一样的，只不过是把它改变为适合孩子的情况。

第二，提前准备。

孩子懂得了时间，他可能还不会做计划。如果孩子早上要上学的时候才说"哎呀，就剩五分钟了，我要带双球鞋"，或者"哎呀，还要带一双球袜"，你就会忙得不可开交。所以，父母要引导孩子养成做任何事都提前准备的习惯。

最简单的训练可以从准备第二天的物品开始。在幼儿园阶段，家长可以先当着孩子的面提前准备，再逐步过渡到家长制定规则。每天睡觉前为孩子设定一个任务，就是想想明天要带什么，自己提前把书包整理好。坚持一段时间，孩子慢慢就能管理得比较好了。

还可以让孩子帮忙计划简单的事情。如果春节全家出去玩，就可以让孩子一起为出行做准备，比如去哪里玩、怎么买票、需要多长时间。孩子不需要做全部工作，参与其中的一部分即可，长大后他很可能会愿意为全家计划家庭假期。

这些生活中的小事可以帮助孩子养成做事提前准备的习惯和技能。

第三，简化和统一规则。

你可以给孩子一本自己管理的日志，也可以让孩子用电脑有意识地记录自己要做的事、要见的人，并且学会分类。这样的方法，孩子越大越有用。

到了中学，孩子的世界会变复杂很多。他们不仅要学各种各样的功课，且功课难度增加，还要参加各种各样的考试和课外活动。此时，你需要给孩子提供一个集中统一的可以记录的地方，让孩子能够简单清晰地看到自己的各种任务，避免遗漏：有的是提醒自己跟老师沟通，有的是提醒自己一个月以后要准备考试等。

时间管理不是很容易学会的技能，我们大人也常常不能按时完成任务。所以我们不能要求孩子说一次就做到，也要原谅孩子不能管住自己的情况。

多鼓励、少惩罚，在长时间内培养孩子的好习惯。时间管理做好了，孩子渐渐地能"自驱动"，对完成学习任务有了自己的掌控和自信，这样对孩子基础技能和综合技能的发展也有非常大的作用。

阅读习惯培养

学习和自我修养的方法有很多，我最为推崇也认为最实用的，是培养他们的阅读习惯。

人一生就那么长，就算一天到晚都很努力，能见的人、能去的地方、能亲身经历的事情也都是有限的。如果能跟经典相伴，与大师为友，纵观古今，遍览世界，孩子的视野就会大得多。想达到这个目的，唯一能做的其实就是阅读。

阅读与之前提到的树干，即成长心态也有关。一个人需要追求成长，让自己终身学习。但是除了在学校学习，最好的持续学习方法是什么？阅读。培养批判性思维的最好方式是什么？大量阅读高质量内容。

阅读的好处早已被研究和实践证明，它对于孩子所有学科的学习都有正面促进作用。作为父母，我们要帮助孩子尽早地养成良好的阅读习惯。

帮孩子养成阅读习惯，我有三个建议。

第一，孩子小的时候，睡前故事很重要。

每个小孩都很享受睡觉之前跟爸爸妈妈一起读书的时光。孩子小的时候可以读很简单的小书，不用每天都是新故事，反而要注重重复阅读。其实很多孩子晚上都喜欢读重复的故事，孩子是在熟悉的故事里获得安全感的。我们还可以跟孩子一起编故事，故事的主角最好就是孩子自己，这样他会特别感兴趣。

睡前故事还可以让孩子在很小的时候就对阅读产生亲切感，对他们长大后阅读习惯的养成很有帮助。

第二，让孩子一直有一本正在读的书。

阅读就应该是一个生活习惯，每天都要做。没时间的时候读少一点，10分钟、15分钟都可以。

有时间的时候，坐下来好好地、完整地读一本书。我和我的两个孩子都是随时在读书。如果你问我们中任何一个人现在在读什么书，我们都可以第一时间给出答案。

这样做的好处是，你不需要像布置任务一样给孩子制订读书计划，比如，今年一定要读完多少本别人推荐的书。随时读书可以让孩子根据自己的节奏一直坚持阅读。日积月累，一年下来，十年下来，你就会发现他读了很多书。

第三，不限制，不干涉。

这一点父母往往很难做到。其实只要不是有害的内容，孩子想读什么就读什么。不要让孩子只读著名作家的、与学习有关的作品。我们家老二就是在读了金庸的作品之后喜欢上阅读的，我觉得这没有什么不好。关键是，他觉得读书变得有意思了，从阅读中得到了乐趣。逐渐形成阅读习惯后，自然而然就去读别的书了。

✕ 提高运动的优先级

运动与前面提到的技能树中的身心健康有很大关系。这并不是说要每个孩子都去做运动员,而是说每个孩子都应该有一个到几个自己喜欢并且擅长的运动。

孩子小的时候,你可以带孩子体验踢足球、打篮球、跑步、游泳等各种运动。到小学后半期,孩子基本就知道了自己喜欢什么、擅长什么。上中学以后,虽然孩子会非常忙,但所谓的忙,其实也是一个优先级的问题。在我看来,应该把运动的优先级排在靠前的位置。

运动对孩子的成长有非常多的好处。运动不仅对身体好,对大脑思维有促进作用,而且有利于优秀品质的培养,比如培养吃苦耐劳的精神。

现在人们的家庭条件普遍都很优越,孩子没什么吃苦的机会。但在运动中想赢的话,孩子就会主动要求吃苦。而且很多团体运动项目需要和别人配合，在这类运动中，即使你做得很好，别人做不好，也可能会输。所以，通过运动，孩子还能学会如何接受失败。

总之，教育千头万绪，但以上四件事情是父母不能放手，一定要花力气做的。

03

教育孩子不必花太多精力的事

在这个父母都很忙的时代,
父母除了坚持做那些重要的事,
更要学会放手。

之所以要讨论父母不必花太多精力的事情，一是因为我是个职场妈妈，很多事情我没有时间管；二是因为孩子长大后，我回过头来看自己放手了的那些事情，发现不管没关系，管多了反而会给孩子的成长造成负面影响。

父母不应该花太多精力的事情包括以下四类：陪着孩子做作业，生活上细致的照顾，一些身教大于言传的事，以及一些被体系量化了的事。

✕ 不要陪孩子做作业

前一阵朋友圈被一条"陪孩子写作业，妈妈陪出心梗住院"的新闻刷屏了。上一天班累得精疲力竭，回家还要陪孩子做作业，这已经成了很多职业女性的沉重负担，也造成了很多妈妈和孩子之间的矛盾。当然，各家孩子的情况不同，各个学校和老师的要求也不一样，但是总体来说，我不建议陪孩子做作业。作业是孩子的，这是他应该自己完成的事情。

关于孩子的作业，我听到的来自老师最好的建议是：即使孩子错了，你也不要改，否则老师就不知道他什么懂什么不懂了。如果孩子每天交回去的都是家长修改后的完美的作业，老师其实根本没办法了解孩子的真实水平。

但父母放手有个前提，就是从小要传达给孩子一个观念：学习是自己的事，不是父母的事，父母有父母的职责，但学习是孩子的职责。

具体地，有专家建议：在孩子长大的过程中，任何他能自己做的事，父母要迅速从"替他做"，变成"一起做"，最后变成"看他做"。这包括作业，也包括生活中的其他任务。

你会发现，孩子其实是很愿意做事的，尤其是在鼓励之下，他们的责任感也会越来越强。即便孩子有不懂的问题，你也不应该包办代替，完全可以说："这个问题我也不肯定，给你提两个建议，你可以决定，可以忽略我的建议。"总之，作业的责任是孩子的，家长是不应该全权负责的。

前一章我们提到的时间管理，在这里可以用上。我们不帮孩子做作业，不陪他们，但是我们可以和他们一起做计划，由他们来执行。在这个过程中，我们要容忍孩子的不完美，理解他们还在学习阶段，不能够完全管住自己。但是请相信，你投资在帮孩子自我管理上，一定会有良好的长期收益的。

对于那些学校要求家长检查作业的情况，我可以理解，我也知道有的学校对家长要求特别多。我们不可能完全改变学校和老师的运作，但我还是建议专注于家长和孩子之间的界限：家长只负责检查孩子的作业有没有完成，孩子自己去负责做得对不对。等孩子到了中学，一般学校就不会硬性要求家长陪同了，你的孩子那时候也准备好独立承担学习任务了。

✕ 放下无微不至的照顾

现在有些父母叫"直升机父母"，他们不断盘旋在孩子头上不肯离去。这种家长，在全职妈妈中可能更多见。尤其是独养孩子的妈妈，很容易变成"直升机妈妈"。

女性容易焦虑过度，这个地方不能去，那个东西不能吃，是不是在学校里受了委屈，这里说话不对了，那里做事做错了，为什么老师不给你奖励等。把精力都花在孩子身上，并且因此而焦虑，哪里还有时间顾自己，或者放眼更大的未来？

这样的父母，总想帮助孩子清除生活和学习上的所有障碍。但这种教育方法的成效恰恰非常低下，最后培养出来的往往是一群没有能力的孩子。事无巨细、管得特别多的家庭，孩子一般都缺乏主动性，长大后也很少会有大出息。

孩子原本是一张白纸，你如果帮他清除了所有的障碍，他就会认为世界理所应当是一马平川的。小的时候遇到困难，父母帮着解决，那上了大学、工作了怎么办？如果没有别人帮忙解决，他就可能变成一个爱抱怨的人。

前面提到，每年我都要面试和招聘很多顶尖大学的毕业生。除了专业技术能力，我会非常看重几点，比如这个毕业生做事是否主动，是坐在那里等分配任务还是主动帮着解决问题。再比如，这个毕业生是否成熟，是否愿意担负责任，是否愿意完成很困难的任务。这些性格特点，是除学术能力之外的决定他们是否成功的重要因素。父母从小培养孩子的独立能力，不大包大揽，对孩子将来的前途会有深远的影响。

建议你放手生活上的琐事，只管大方向上的，比如健康、品德。其余的事，我们要忍着不去管，只要不出什么大问题就可以了。

✕ 身教大于言传

我们是孩子最好、最直接的榜样。教育孩子，有的要靠言传，有的要靠身教。有很多事情，比如如何花钱、是否有礼貌、怎样对待朋友，孩子其实是不听你怎么说的，你骂多少句、教育多少次都没有用。这类事，也不用花力气教，只要你做好了，孩子自然就模仿了。

比如你自己花钱大手大脚，却要求孩子花钱的时候要想一想、算一算，他是不会听的，他只会跟着你学。你对别人很有礼貌，孩子也一定会模仿你。你交什么样的朋友，你在私下里怎么评价朋友，这些事情孩子每天都睁大眼睛在看，竖着耳朵在听。

仔细想想，大部分我们想要教给孩子的良好

习惯，他们都可以通过观察我们的行为学到。如果我们每天回家看书，他们就会看书。我们言必信、诺必践，他们也会是个有责任感的人。我们有乐观开放的心态，不怕承认自己不懂，愿意学习，他们也会这样。想一想，我们周末把孩子送去补习的时候，自己是否把时间花在了有用的事情上？

我常常对我的朋友们说："不用担心，你的孩子一定会很好。"我这样说，是因为我相信，成长在他们那样家庭里的孩子是不会有问题的，会成为一个优秀的人。

做好自己，可以省去许多跟孩子角力的时间，达到两全其美。很多事情不需要把它变成理论、买书来教孩子。你只要自己做好了，孩子就会做好。你想让孩子怎么做，自己就先怎么做。

╳ 不要迷信系统化的标准

当你看到一本育儿书里说，孩子在第23个月的时候，能把一个小球向前踢，而你的孩子24个月了还不会踢球，你是不是很紧张？如果孩子只能踢到大球，踢不到小球，该怎么办？隔壁小明20个月的时候就会踢球了，那你的孩子还有没有希望？

今天的父母，大多容易焦虑。尤其是独生子女的父母，由于没有别的比较和参照，只能看书上说的、看隔壁家的孩子，心里常常没底。我给你的建议是，不要去迷信那些很具体的标准，试着把标准放宽松，比如加减6个月到1年。即便24个月的时候还不会，相信你的孩子3岁时也一定能踢球了。另外，如果你能跳出来，在稍微远的时间距离上看问题，每个孩子都会长大的，不需要让他在3岁的时候会5岁的事，他该成长多快就成长多快。做父母的，享受孩子成长的过程就好了。

在这个父母很多时候都很忙的时代，父母除了坚持做那些重要的事，更要学会放手。具体的作业尽量不去管，生活琐事尽量少管。能身教的事，就不口头唠叨。更不用迷信育儿书上那些严格的标准，既不用花太多时间让你的孩子跑赢标准，也不用担心他不达标。

父母要抓大放小，给自己，也给孩子减压。父母要做的是把握住方向，让孩子做一个长跑的赢家。

04

用工作方法教育孩子

孩子其实跟公司里的员工是一样的，
父母和孩子也是一个团队，
大家有共同的目标。

我在写《魔鬼老大，天使老二》的时候一直在思考，市面上有那么多亲子育儿书，我的书到底跟其他的书有什么不同？

我希望它不是一般的妈妈书，不是一个完全以孩子为中心的妈妈写的书，也不是一个教育专家或者老师写的书。

我学的是计算机专业，读到博士，然后一直在硅谷和北京从事互联网、新媒体等与先进技术相关的职业，我周围的人也是如此，世俗称之为"精英"。我是北京国际学校的董事会成员、清华大学苏世民书院的导师、公司副总裁，我直接参与培养、招收和管理这些精英人才。

我不是要把孩子培养好了变成"别人"，而是希望把孩子培养成我周围的人，我认识和见过的人。

正因为我本人在教育背景和职场上都走得比较远，所以能够清晰地看到很多问题。在公司做了多年管理工作，我发现在工作中得到的一些启发和学到的一些方法，完全可以应用到教育孩子上。

这一章我会分享三个可以用在孩子教育上的工作方法。

第一，从长远的工作角度看问题，学习到底是为了什么，应该怎么学。第二，像在公司里一样，和孩子保持持续的沟通。第三，是对孩子的尊重和授权。

╳ 关于学习的思考

其实我一直非常重视孩子的学习，认为孩子的学习一定要好。但这个"好"不需要去争所谓高分数、第一名。那如果不看分数，什么叫"学得好"呢？

我认为，学得好的意思是"真正懂得"，不仅懂得概念，而且能够应用。如果孩子真正懂得后考试成绩也不错，那当然是好事。但是，学好不是为了眼前的排名。

如果一个班有100个孩子，用我这个定义，可以每个孩子都学得很好，也可以有80个孩子学得很好，不一定要有人学得不好，关键看有多少孩子学懂了这个科目。

为什么我这么看呢？因为我在工作中得到的启发是：学习是为了将来应用的。

最终，你希望孩子能用他学到的东西做成事情，从小事做到大事。学习的目的是让孩子获得前面提到的技能树上所有的技能，包括基础技能、综合技能，也包括一些成长的技能。这些技能，是在将来工作和生活当中有用的，它们不完全通过考试分数来衡量。

怎么拥有这些能力呢？我分别从文理科的角

度分享一些学习方法。

文科确实是要靠积累，学文就是要融会贯通。比如，学好语言、文学、地理的基本方法就是不断地阅读、讨论、思考、练习。想要学好一段历史，除了了解这段历史、记住它以外，最好能大量了解这段历史前后的各种信息，了解不同的人对这段历史的不同看法。

学好文科不是一朝一夕的事，在文科方面，我给孩子定的学习目标是实用，即要能写好文章、清晰交流、有自己的创意和思考。

理科和文科不同，数学、物理、化学等学科，后面学的概念是以前面的为基础的。一个孩子在三年级时没有学懂数学，到了四年级，作业不会做，考试考不好，父母花很多时间帮他补四年级的课，也许分数能提高一点，但这就像是一个没有打好地基的楼，往上越搭越重，孩子最后就被压垮了。

如果孩子在学理科时有困难，一定要看是否

是前面一些概念没有搞懂。有人专门建议，理科教学不要把孩子按年级、年龄来分，一定要学懂了一个概念再往后学，速度可以放慢，但要保证真正理解。

学习不是为了名次，而是为了真正学懂、学好，并在工作中使用。这就是我从工作中获得的一点启发。明白了学习的真正目的，你就会知道小孩应该学什么、不应该学什么。

※ 日常持续的沟通

作为公司的管理者，我每周会花半个小时到一个小时的时间直接跟每位下属谈话。有时候谈工作和项目，有时候谈他们遇到的问题，有时候谈他们的成长，有时候谈我对他们的希望。哪怕是最基层的员工，公司也会安排这种谈话，可能在每个月固定的时间里谈，也可能是不定时谈。

之所以要设定这种规则,是因为做这些沟通非常有用。通过这种方式,我能够比较深入地了解情况。对下属来说,他们可以通过这个渠道反映问题、汇报结果、展示成就和能力。

回过头来想一想,与公司有规律的沟通相比,很多父母和自己家孩子的沟通反而不足。孩子小的时候,你觉得他什么都不懂,就只是帮他做饭、洗衣服。等孩子长大了,到了青少年阶段,他们可能很忙,或者热衷于玩电脑,宁可跟同学、朋友聊天也不一定会理你。

有时候,有沟通但是没内容,父母问"在学校怎么样啊",孩子回答"很好",然后就没有下文了。你在公司里,跟老板、同事或是下属都不会这么沟通。

所以,我们可以把用于工作场合的定期沟通、保持交流的习惯带回家,用在孩子身上。至于具体怎么做,对不同年龄段的孩子可以有不同的方式。

在婴儿时期，和孩子最好的沟通方式是陪伴，是和他一起去看这个有趣的世界。要多跟婴幼儿说话，不厌其烦地向他解释看到的世界，哪怕孩子还不会说话。

对学龄前的孩子来说，讲故事是很好的沟通方式，你甚至可以跟孩子一起编故事，让他做故事的主角。你不用怕编着编着就没话说了。我分享一个我和孩子在家聊天的诀窍——跟孩子做各种问答，比如"我们说出十个圆的东西""一起来说十件鱼不会做的事情"等。这样的题目既有趣，又没有标准答案，还可以教孩子一些概念。这个游戏在我们家玩了很多年，孩子乐此不疲。

孩子上小学以后，应该和他保持睡前谈话的习惯，听他分享一天的见闻。这么做，能帮孩子整理一天当中的经历，发现那些重要的事，帮他解决问题，还能锻炼他的表达能力。注意，这时候父母最好的办法是鼓励孩子讲，对各种事情保持强烈的好奇心，不要批评和干涉，这样孩子才愿意不断地对父母敞开心扉。

上了中学后,很多家长和孩子的沟通不再顺畅,这个时候,更要让沟通变成习惯。比如,可以固定一个时间,每天晚上睡觉前聊一聊,或者周末找个时间聊一聊。但不要很刻意地一本正经地说"我们谈谈吧"。

我有一个更好的办法是,跟孩子一起做一些事情,比如做饭、买菜,或是其他很日常的事情。在一起做事的过程中,你会发现你们自然而然就会谈到一些关于学校、朋友和别人的事,你还会了解到孩子正在形成的世界观和看法。

和大孩子沟通时一定要注意几个方面的问题。

第一,多听少说,不要批判孩子的观点。大部分家长做不到这一点,总是急于把自己的观点加在孩子头上,导致孩子选择性地跟父母沟通或者不沟通。

第二,不要有了问题才沟通,比如孩子只有

在学习成绩下降或者跟别人有矛盾的时候才向父母反映。父母与孩子之间，最好是平时就保持良好的沟通习惯，彼此讲一讲个人的生活、学习和工作。孩子大了，家长遇到的问题也可以和孩子聊一聊，听听他们的意见，让他们帮着分担解忧。养成这种习惯以后，当孩子真正遇到问题的时候，自然而然就会先问你的意见，而不是出了问题找你来善后。

那么，我从工作方法中获得的第二个启发就是：持续不断的沟通非常重要，沟通要很自然地做，一直做。

✕ 对孩子的尊重和授权

我带的团队中很多员工比我年轻，懂的也可能比我少，但我还是很尊重他们。因为我知道我们不一样，每个人都有自己独特的看问题的角度和做事情的方法。

但为人父母，我们常常会认为孩子是自己的私有财产。我们很爱孩子，很想保护他们，但就是免不了觉得孩子应该听父母的，孩子应该跟父母想的一样。其实回过头来看，孩子跟同事一样，也是一个独立的人，在他有能力完成的事情上，父母应该让他独立去做，授权给他，你只定大方向就好了。

授权给孩子，有的孩子会很难管，不按大人认为正确的行为规范去做事，更有甚者乱发脾气、摔东西、打人。在这种情况下：

第一，我们要意识到，孩子的自我管理和情绪管理都需要慢慢学习，我们要引导他们。但是，我们不要做那个"警察"，而是要他们做自己的警察。

第二，有各种引导孩子独立的方法，比如鼓励专注的训练和努力，鼓励孩子通过有挑战的工作锻炼自己，与孩子探讨错误和失败，帮助孩子认识到错误和失败是学习和提高的最好方法。教会孩子正面思维，同时相信他们。在整个过程中，我们都要尊重孩子，同时也在教给他们行为规范。

我家老大小的时候就很难管，他自己很有想法，不爱听父母的。尤其在做事的细节上，不管是拧着、阻止，还是推动他做一件事，会很难。这也造成了我们之间经常发生矛盾冲突。但是从初中开始，我基本放手了。我只定一些大的目标，比如品德上不能出问题，学习要学好，体育锻炼不能落下，细节上的事情我不再过问。

渐渐地，我发现这种平等对待的方法，非常有助于孩子的发展。他做的很多事情都跟我想的不一样，他并没有做我想让他做的事，但他把自己想做的同时也是很正确的事情，做得非常好。

父母应该这样想：孩子其实跟公司里的员工是一样的，父母和孩子也是一个团队，大家有共同的目标，这个目标包括孩子的成长、父母的成长。要达成这个目标，需要全家人一起努力，每个人的能力不同、分工不同，孩子并不需要跟大人完全一样。

总结一下，我做了很多年的管理工作后发

现，有一些工作方法是可以拿来管教孩子的。其一，要意识到学习的最终目的，不是为了考试，而是要让孩子学懂，父母应该帮助孩子学懂。其二，要跟孩子保持长期频繁的沟通，这是非常有必要的，也是有方法的。其三，要像尊重公司同事那样去尊重孩子，帮助他们独立完成任务。

05

教育孩子可以反向提高职业能力

养育、教育孩子的过程,
也是一次难得的
提升父母自身技能的机会。

2019年12月初，我们公司北京办公室第二次获得"大中华区最佳职场"称号，我做了主题演讲。我在演讲中提到，这些年来教育孩子对我并行的职业生涯有很大的帮助，二者是相辅相成的。相信我的经历和总结的内容，对其他职业女性也会有帮助。

不管是职业女性还是其他人，都常有一个很大的误区，认为时间是有限的，要么花在孩子身上，要么花在工作上。所以管孩子一定会分散大人的时间和精力，尤其是做了妈妈，必须在孩子和工作之间做出取舍。

有些女性做了妈妈之后，就转移重心，以家庭和孩子教育为主，在工作上对自己的要求就放松了。而很多公司，不管是明里还是暗里，也觉得一旦生了孩子，女性的职业竞争力就会下降。

我不否认在时间上，家庭和职场需要做优化。但我想说的是，很多人可能没意识到，养育、教育孩子的过程，也是一次难得的提升父母自身技能的机会。

╳ 情绪管理的提升

教育孩子会让我们自己变得更成熟。

养育孩子，其实是父母的一场自我修行。在没孩子之前，很多年轻人一帆风顺，没有多少耐心，也受不了委屈，能把自己照顾好就非常不错了。有了小孩，我们就必须要负责，必须要有耐心。孩子长大的过程中，我们既要爱他，又要教他懂得遵守纪律；既要让他独立，又要给他安全感。

从自身的经验来看，养育孩子对我帮助最大的是，在情绪方面，我学会了心平气和地接受和享受。

孩子小的时候是不会讲道理的，你和他们没有什么好争论的，他们还给你带来了永远做不完的事情。但是如果你很享受和孩子一起的时光，享受看到他们的满足、快乐和成长，就要去接受那些"不足"，并放弃生活中另外一些安排。在这个过程中我们变得宽容了，我们感谢生活的馈赠，不再去计较小事。

另外，我们必须掌握方法，教会孩子管理他们的情绪。比如怎么理解和表达情感，怎么用沟通来解决情绪上的问题，怎么"数到十秒再行动"，怎么处理其他孩子不当的行为，怎么理解每个人的情绪反应是不一样的，怎么不让突如其来的情绪影响理智的决定。在这个过程中，我们发现这些情绪管理法则对我们自己也是适用的。

把这些情绪管理的能力带回办公室，我们就变得更加成熟，更能承受工作中的压力，开化误解，担当重任。

✕ 学习方法和教育理论的更新

观察和参与孩子的成长，是接触最新的学习方法和教育理念的直接机会。我就是在跟着他们成长的过程中，了解了中国公立教育、国际教育、英美教育、双语教育等的优劣和不同。我也是在观察孩子成长的过程中，总结出了我在前文提到的技能树。

做了父母的人，距自己上小学、中学的时候，已经有十几、二十年了。教育方法和教育理念一直在进步，但离开了学校，你不一定有机会系统地接触。我们小时候虽然天天上学，但是并不知道人到底是怎么学习的。

在观察和参与到孩子的学习当中，我们就有机会接触最新的学习方法和教育理念。这些新方法、新观念，对于父母自己的终身学习也是很有价值的。

在我自己的职业生涯中，有一段时间从做技术转向做产品，但我并没有产品方面的教育背景。幸好当时我家上初中的老大有一门课——Design and Technology（设计和技术），给了我很多启发。

他们会花一个学期的时间做一件产品，比如第一个学期做了一个盒子，第二个学期做了一盏灯。开始的时候我不是特别理解，为什么花一个学期的时间，就做这么一件小东西。后来，看了孩子做的过程，看了孩子的作业，又跟老师聊过后，我才发现，从选材开始，到制作、营销，再到分析这个产品有什么用途，这其实就是一个缩小版的做产品的流程，也是一个完整的产品课程。学校是在用小孩能够理解的方式，告诉他们一个产品从头到尾的设计生产过程。

孩子的这门课帮助我打开了思维，让我从不同的角度看问题，在培养我的上层技能，比如产品设计、从用户出发、沟通合作等方面，给了我很多帮助。

在陪伴孩子成长的过程中，我也逐渐有了更

开放的心态。看着孩子一天天成长，从小到大，从不会到会，我发现不仅仅孩子在成长，我们自己也在成长。

比如，通信行业技术日渐成熟，难有更大的发展，很多通信行业的同行因此产生了恐慌，不知道该怎么办。其实，大可不必看死自己，如果能有一种成长的心态，就根本不会为此忧虑。完全可以换一个行业，比如转型互联网，因为这两个行业都是与技术相关的，很多方面可以触类旁通。

你可能会想，没有互联网方面的教育背景和实践经验，怎么转？这就需要一种更加开放的心态了。你应该抱着一种学习的心态，像孩子学习一样，只要看到努力的方向、找到合适的方法、制订合理的计划，完全可以从一个旧行业转到新的热门行业。

这就是我们一直想要教给孩子的成长心态和批判性思维。这种心态同样适合工作转型，比如从技术转向产品，从产品转向管理等。

在教育孩子的过程中我收获了不少，争取能和孩子一样保持成长的心态，这也造就了我这些年丰富多彩的职场生活，从技术、产品、管理到创业，一路顺利走来。

团队协作能力的加强

教孩子时产生的想法和运用的技能，也可以用在培养公司员工身上。

我现在管理一个纯技术的研发团队，团队成员都有非常优秀的教育背景，是世界一流的、聪明的程序员，但是，他们仍然需要不断成长，不断提升包括对公司业务的理解、团队成员彼此间的沟通等方面的综合能力。

很多人都说我的团队更像一个学校，因为团队里设计了各种各样帮助员工成长的计划——对于基层员工，教他们有效开会、发邮件；对于资深员工，提升他们的影响力以及在项目管理方面的能力；对于管理者，帮他们树立战略思维，培养他们的情景管理能力。

我是各种员工成长计划的主要制订者，是这个"学校"的主导。有不断学习和提升自己的机会，是我们公司员工最满意的方面之一。

为什么我能够很系统地看出该培养员工哪些技能？其实我用了和教孩子的那棵技能树雷同的方法。不同资历的员工，都需要有能完成工作的基本技术技能，需要有能够沟通和在团队项目中与他人协作的综合技能，好的员工成长更快，他们也更乐于助人，最终成为带领团队前进的领袖。

综上所述，教育孩子，对一个人的职业生涯其实是有非常大的帮助的。你能变得更成熟，更有能力管控自己的情绪，也有机会接触到最新的学习方法和教育理论——可以用在自己身上，也可以用在员工身上。如果你善于思考，教育孩子可以让你变成一个更好的领导者。

06

职场妈妈的
时间管理

抓住几件最重要的事,
勇敢放弃一类事,
简化、优化一些必须做的事。

职场妈妈该如何管理时间？这是我被问到最多的问题。一个职业女性，做了妈妈之后，会明显感觉到时间不够用，因为在照顾孩子方面花了大量时间。和以前比，基本就是多了一份近乎全职的工作。孩子要养好，自己的发展也不能耽误，怎么管理时间就变得非常重要了。

时间管理没有秘诀，但是有方法。我想跟你分享三个要点。

✕ 要事第一，抓住重点

首先你要正视现实，在有了孩子又同时要工作的时期，永远有做不完的事在等着你，你不可能什么都做好、什么都不缺。在这个现实的基础上，你需要想一想，对你来说，最重要的三件事是什么，并且按重要性排出它们的顺序。

拿我自己来说，孩子小的时候离不开我，同时工作也很重要，但我认为孩子大于工作。此外，我觉得健康也很重要，排在第三位。这三件事就是我不愿意放弃的最重要的事，其他的事都会次要一些。

想好了最重要的三件事，很多时候就可以做到不纠结了。这个要点的主要目的是解决冲突。

比如，现在的学校都有家长会，开会的频率还不低。要是家长会在晚上，你可能没问题，如果是在白天的工作时间呢？按照我前面的排序，如果孩子很重要，优先级是第一，你就要预先把这个时间留出来，这个时间段尽量不开会、不约人，如果错过什么重要的人或者会议，第二天再补上。

再比如，工作跟朋友聚会冲突了怎么办？如果工作的优先级排在朋友聚会前面，那就安心地放弃朋友聚会。这不是说完全不要社交，只是在发生冲突的时候帮你迅速地做出决定。

想好最重要的几件事情，并排好优先级，就不用在每次事情发生冲突的时候都去做选择。遵循之前排好的序列，还可以不后悔、不纠结。你不会自责地想，家长会也没听到什么，还不如上班；你会想，我决定来开家长会了，就要好好花时间和老师沟通，了解孩子的情况，耽误的工作我会找时间补上。

当然，排优先级并不是说除了最重要的三件事之外，其他事情都不需要做，我们可以在自己能力允许的情况下尽量把排在后面的事情也做好。

✕ 大胆放弃，简化生活

总是觉得时间不够用的人，我建议你试着记录一下一周里每一天、每一小时都在干的事。只要做了这个记录，很多人会发现，自己每天其实都浪费了很多时间。

你觉得刷朋友圈不会浪费很多时间，早上起床前10分钟，路上10分钟，下午和晚上又各花了20分钟，这样积累下来，一天一两个小时就没了。这一定是你之前没有意识到的。哪怕每天只花半小时看微信朋友圈，但累积起来，消耗的时间在一个星期、一个月中所占的比重也不会低。

说到放弃，不是一件件事让你盘算，那样又会浪费不少时间。最简单的办法是整体性地放弃一类事情，比如刷微信或看视频。

以我为例，我不花时间到网上比价，但这并不是说我只买贵的东西。只是说我认为必要的东西，如果价格负担得起我就直接买，负担不起就不看了。如果把比价、挑选商品的时间省下来，我相信很多女性都能节省大量的时间。另外，我放弃了大量的社交活动，因为这是最花时间的。

再比如，家里如果有人帮忙，你可以不做饭。家里没有电视，就可以省出更多时间。真有特别想看的电视剧，偶尔上网去看就好了。当彻底放弃某几类事情时，你会发现时间多出来很多。

放弃了一些事，会不会有遗憾？当然有。所谓放弃，其实就是舍弃一些你喜欢做也认为应该做的事。

我刚回国的时候报名参加了计算机的行业协会，还有各类技术公司热爱技术的人组织的协会，这些协会组织的各种活动非常好。但是后来我发现，因为白天大家都要上班，这类活动基本上都安排在晚上或者周末，跟我和孩子共享的时间冲突了，我就果断放弃了这些活动。

我的职业是否会因此受到影响呢？也许会。我可能无法结识更多行业内的人，有些事情没法做到100分那么好。但是，它符合我的优先级。一旦想清楚这一点，每次做选择的时候就不会纠结了。

这就是时间管理的第二个要点，大胆放弃一些你觉得自己应该做的事情，留下最重要的，让自己的生活变得简单。

✕ 找到方法，优化方案

对于一些必须要花时间做的事情，你可以找到优化的方法，然后通过不断地练习，在做事时更加熟练，并在反复实践的基础上再次优化。

对女性而言，着装、美容都有优化的办法。比如，你可以买比较多黑色、白色等容易搭配的衣服，并提高衣服的质量，减少购买的数量。

一条黑裤子，可以搭任意颜色、花色的衣服。一件白衬衫，任何场合穿都合适。再加上一两条百搭的围巾，就够了。这样每天花在搭配衣服上的时间就少了，出门时的着装还挺高档、漂亮的。

再比如，出门前花一个小时化妆，差不多能

到90分的程度；但花10分钟把粉底、眉毛、口红都画了，其实已经到80分的程度了，这是我跟专门做美妆的朋友学来的。那只花10分钟的时间，接受80分的自己，是不是更具性价比？

总之，为了那些不想砍掉、不能砍掉的事，要想办法优化方案、缩短时间。

时间的稀缺也教会我在工作上进行优化。我养成了一些好习惯，每天先处理最重要的工作项目，而不是让突发的紧急小事不断地打扰我。我招聘和培养了非常能干的团队成员，信任他们，放心让他们分担任务。我推崇半小时会议，不把时间浪费在无休止的讨论上。我每天都会处理完当天所有的邮件，记录需要跟进的事件，等等。可以说，有效的时间管理使我成为一个高效的人。

时间管理是个大话题，关于花在孩子身上的时间，我在02章、03章中提到的那些方法、原则跟这一章其实是相通的，都是抓住几件最重要的事，勇敢放弃一类事，简化、优化一些必须做的事。

如果你能做到,心里就会有底:虽然还有100件事在等着我,但我知道自己正在做最重要的事情,我没能做到的那件事情是我主动放弃的,我的生活还处在一个比较不错的、自己能驾驭的状态。

07

你不要
一个人去战斗

养孩子是个复杂的系统工程，
聪明的女性，
要学会建立一个强有力的支持系统。

养孩子千万不要一个人战斗，这一章就是关于养孩子的团队建设的。

在今天的公司文化里，非常强调团队协作，我们要面对的工作十分复杂，几乎没有什么人能完全独当一面。同样，养孩子也是个复杂的系统工程，聪明的女性，要学会建立一个强有力的支持系统。

不管是职场妈妈还是全职妈妈，通常都会理所当然地认为教育孩子是自己的主要职责。但即使妈妈觉得自己应该负主要职责，也不是唯一的负责人。

就像在公司里，想要做成事，一定要一个团队一起做。我们在家里教育孩子，也需要利用一个团队。

谁会是你的队友？我把他们分成三类。

第一类是孩子的爸爸和长辈、亲戚；第二类是可以花钱雇来的人，像保姆、小时工等；第三类是友邻和朋友。

✕ 依靠伴侣和亲人

爸爸应该担负跟妈妈同样的责任和义务。每个妈妈都希望家里有一个好爸爸，喜欢带孩子，减轻妈妈的负担。但是，爸爸们通常不知道怎么做，而且做法也可能跟妈妈不太一样。比如，爸爸带孩子的时候会比较粗心，妈妈会细致一点，更在乎一些生活细节。

好的策略是爸爸和妈妈分工合作。这并不是说所有的事情都要一半一半，而是要让爸爸清楚自己的职责，知道他需要做什么、能做什么。比如，妈妈可以分配周末的一天由爸爸从早到晚来带孩子，或者分配给爸爸接送孩子的任务，或者让爸爸晚上给孩子讲睡前故事等，具体怎么分工可以视各自家庭的情况而定。

重要的是，一定要让爸爸参与到孩子的教育中来，并且爸爸应该起到非常大的作用。但是妈妈们也要记住，不能强求爸爸的方法跟妈妈的一模一样，这样爸爸才有更多的动力跟孩子一起成长。

除了孩子爸爸，还可以请长辈来帮忙。在我们家，孩子1岁到3岁上幼儿园之前的这段时间，都是由我的妈妈，还有我的公公、婆婆一起来帮着带的，我非常感谢他们。我想，这对大多数职业女性来说，都是强有力的支持。

有了长辈的帮忙，我们能心安理得地返回职场上班，孩子在家里也非常放心。而且，请长辈帮忙一起带孩子还有一个好处，就是孩子能够感受到，除了爸爸、妈妈之外，还有其他与他们有亲密关系的人。

当然，长辈帮着带孩子，确实会有很多矛盾，两代人带孩子的方式毕竟不一样。一般来说，长辈会比较宠爱孩子，年轻的父母更倾向于给孩子立规矩。

怎么处理这种矛盾呢？我有两个建议。

第一，摆正位置，明确第一负责人。

带孩子这件事，第一负责人始终是父母，长辈是来帮忙的。这个位置摆正了，遇到冲突的时候就可以很明确了，孩子应该遵守爸爸、妈妈立的规矩，遇到长辈不理解的情况，还要耐心地跟长辈谈谈，求得认同和支持。

第二，心存感激，该让步就让步。

两代人一起带孩子免不了产生一些矛盾，但多半也不是什么大事，比如长辈在孩子后面追着喂饭、给孩子吃糖等。这些情形没有绝对的对与错，只是不符合你从书上看来的育儿理论。

从正面来想，长辈帮你带孩子，减轻了你很多的负担，不光是帮忙做家务，还给你提供了心灵上的安慰，因为你知道孩子在很安全的环境里成长。

有了这个正面的作用，在一些小事情上就可以稍微让一让，上面提到的喂饭、吃糖等即使有一两次也不会有太大的问题。你希望长辈理解你，你也同样要理解他们，这样相互间的关系就会处理得比较好。

在孩子上幼儿园之前，长辈的支持还是非常重要的，这也是很多女性重回职场的保障。

另外，想要长辈帮着照顾孩子，请他们来你家里住是更好的选择。我比较反对把孩子完全交给长辈，长时间跟爸爸、妈妈分离。采用这种方式，不光孩子长大以后可能会跟父母产生隔阂，也不利于你对孩子的教育。

╳ 善用社会资源

如果是能用钱解决的事情，在经济条件允许

的情况下，直接用钱解决就很好。不管是保姆，还是钟点工，能够负担一些接孩子、打扫卫生、做饭的工作，就能把你自己解放出来。

杂事其实是非常花时间和精力的。如果可以用钱解决，你就能把更多的时间和精力用在职业发展或是孩子的教育上，这还是非常值得的。

不管是小时工还是保姆，对我们都有很大的帮助，是养孩子团队的重要成员，我们对他们是充满尊重和感激的。平等对待并尊重他人，也恰恰是我们培养孩子价值观的重要部分。

在孩子没有上学之前，现在也有不少托儿班、亲子班等机构，可以让孩子寄宿一段时间，让孩子渐渐学会和父母分离，和其他人交往。有条件的父母可以考虑这些托儿机构，一方面给孩子一些社交和学习的机会，另一方面也给自己一些喘息的时间。

✕ 借助友邻的支持

关于养孩子,有句英文是"It takes a village",意思是说要有一个村子的人来养这个孩子。

孩子不只属于我们、属于家庭,也属于社会。父母应该有意识地在自己家附近,找到几家孩子差不多大的、非常要好的朋友,孩子是男孩还是女孩都可以,只要能玩到一起就行。然后这几家就可以形成一个比较亲密的支持系统。

比如,你晚上要参加会议,没法看孩子,就可以把孩子暂时送到附近关系比较好的家庭那里,或者请他们到你家里帮忙照看一下孩子。有时候孩子放假,大人不放假,如果哪个家长有空,就可以带着几家孩子一起出去玩。当然,在别人需要帮助的时候,你也同样要伸手去帮别人。

现在的孩子要么是独生子女,要么也就一两个兄弟姊妹,通过这种支持系统,不仅父母可以减轻负担,孩子也能跟其他同伴形成比同学更加亲密的关系。偶尔去别人家吃吃饭，一起玩，也是一件很好的事情，孩子们会很喜欢。

另外，孩子还能看到不一样的家庭情况。比如，你的孩子到朋友家，看到别人的妈妈对一件事情要求很严格，然后他就会反思，会想想那个妈妈和我的妈妈有什么不一样。

孩子不需要只接受一种正确的观点，或者只接受你的观点。孩子也不应该只接受一种生活方式——这是应该做的，其他都不应该做。只有看到更多的方式，了解更多的观点，哪怕是相互矛盾的，孩子也能慢慢形成自己的判断力。

聪明的妈妈，不是把所有的责任都揽在自己身上，而是要学会发挥爸爸的潜力，正确地依靠长辈，用钱解决一些问题，主动地为自己家建立起一个朋友邻居的支持系统。

本书分析了未来的职场需要孩子具备什么样的基本技能，如何抓大放小，如何有效管理时间，如何把管理孩子和自己的职业发展相结合，以及如何利用其他人来分担养孩子的事情。其实，这些内容不光对妈妈们有用，对爸爸们同样有用。

有了孩子意味着生活复杂性的增加，一个孩子的到来，生活中的事可能增加了不止十倍，不是每个人都能平静地闯过这一关。我们需要处理更复杂的人际关系，不能由着自己的性子；我们需要处理以前从未见过的场景，一刻也不能放松。我常常开玩笑说，妈妈是全家的总管，是世界上最能干的人。

然而，在家里很多事情交给你管，并不代表在外管理能力的增强。实际情况是，不少职场妈妈借口养育孩子放弃了自我提升，降低了对自己在职业上的要求，总是选择做简单的工作，不再参与那些有挑战性的工作。几年后孩子长大了，但她可能会抱怨公司里的年轻人做了她的领导，甚至觉得孩子拖累了自己，却很少反思这些年来，自己是否真正努力提升过技能或拓展过视野。

从我自己的职场成长经历来看，提升自己归根结底是一个意愿问题。不能因为繁忙，就对自己的提升掉以轻心。当你真正想做一件事时，自然会找到时间和方法。

关于自我提升，我还有几个实际的建议，这是我多年来观察到的，女性在职场上最关键的技能需求：第一，要增强自己对行业的了解，多阅读、多交流，不要在知识上和兴趣上落伍；第二，在做事方式上可以大胆一些，不要怕出错；第三，不要强求自己，但也不要怕在适当的时候担任领导、担当责任。

作为女性，要有长远思维，准备好在职场上长跑而不是冲刺。也许孩子的到来在短期内会让我们个人发展的速度减缓一些，但是我们学到的锻炼成长的技能，会在合适的时候为我们助力。

游刃于职场和家庭之间，不是一件容易的事，但这是一件很有回报的事。真正强大的女性，会把养育孩子当成提升自我的机会，重建生活和工作的秩序。

祝你坚强，祝你好运！

附录

父母最关心的
孩子教育的四个问题

孩子们的路很长,
机遇不可预知。

✕ 如何限制孩子对电子产品的使用

现在无论是"小小孩",还是"大小孩",普遍都会花大量时间玩游戏、看视频、用手机聊天,家长不知道怎么办才好,特别焦虑。

我的看法是,孩子缺少自控能力,所以家长要控制孩子对电子产品的使用。但是,控制不是完全隔绝,使用电子产品是人们获取信息的方式。我们要教会孩子把握自己,把电子产品作为有用的工具,而不是被网上的内容所操纵。

首先,我就是做互联网产品的,非常了解现在的互联网媒体和社交产品,它们的目的就是抓眼球,用户在里面待得越久越好,以便平台获得更大的收益。而孩子往往缺少自控能力,自然就成了这些电子产品最好的目标客户。

目前所有相关的研究，都把电子产品的过度使用与孩子的学习成绩及健康负面地联系起来。长期过度使用电子产品确实会导致注意力不集中，缺乏社交能力和深度思考能力。这些问题是真实存在的，所以我认为家长一定要控制孩子使用电子产品的时间。

其次，我们生活在一个信息社会，让孩子和电子产品完全隔绝是不可能的。一方面，孩子的朋友都在用，这是他们社交的一部分；另一方面，孩子也确实需要学会使用这些工具，查资料、在线学习、和老师同学交流，甚至交作业，都需要通过网络。

不能把孩子和电子产品完全隔离开，但又要想办法限制电子产品的使用，到底该怎么做呢？我的建议是，年龄较小的和年龄大的孩子要区别对待。这里所说的年龄"大小"，可按小学是否毕业来区分。

年龄小的孩子：这里包括上小学之前和在上小学的孩子。在这个年龄阶段，家长要严格控制孩子对电子产品的使用。控制的方式可以包括：

第一，不给孩子属于他们的手机或者是平板电脑，用的时候需要找大人。

第二，大人决定他们可以玩什么、不可以玩什么。孩子可以征求大人的意见，比如同学们都在玩的一款游戏，自己是否也可以玩，但最终还是需要大人做判断。现在市面上有不少孩子可以边玩边学的益智游戏，建议家长先自己尝试一下，或者和别的家长交流后，给孩子挑选合适的游戏产品。

第三，限制玩电子产品的时间，比如明确规定每次只能玩半小时，时间一到就必须停止。给孩子讲最简单的道理，如这是为了保护眼睛。

必须要指出的一点是，在孩子不玩电子产品的时候，你必须安排好孩子的其他业余活动。你可以带孩子去户外玩耍，或者和他们一起玩玩具、读书、画画等，这些活动不仅有助于孩子养成好习惯，还能增进亲子关系。

其实不少家长是图省事才让孩子玩电子产品的，这样孩子就不会一直缠着大人了。但是，如果真的认同玩电子产品的害处，家长就必须付出努力，想其他好玩的方式来取代电子产品。

年龄大的孩子：对于上了中学、年龄大的孩子，由于他们对电子产品的了解往往超过了父母，过于严格的限制是比较难的。有些家长甚至问我如何用技术手段阻挡那些不好的网站，或者防止他们看盗版的视频等。

但孩子的技术能力都很强，他们总能看到自己想看的东西。即使家长学会了在技术上加以限制的一些方法，也往往无济于事。此外，这个阶段的孩子确实需要上网查资料、获取信息、跟别人交流。

我建议从中学开始，家长更应该做的是教会孩子如何有效地使用电子产品、使用网上的信息，并且有效地控制自己。我建议的具体操作方法包括两个方面：控制时间和增强孩子的判断力。

第一，控制时间。

我们要尽力教会孩子如何有效地控制自己上网、玩游戏、看视频的时间。我的孩子们也很喜欢打游戏，我给他们定的规矩是：每天要先做完作业、完成学校的任务，剩下的时间才可以打游戏。我会让孩子明白，这是既能让他们学习好，又能玩到游戏，还不会和家长有冲突的最好方法，坚持一段时间就会形成习惯。

另外，从健康角度来看，每次打游戏或者上网时间也不能太长，中间要适度运动或休息。现在孩子们一般通过游戏的方式来休息或社交，就像我们小时候一起打牌、跳皮筋一样，这点我们要理解。所以有时候我也会要求孩子列一个时间表，写上什么时候该做作业，什么时候可以玩游戏。

同时，我也很有兴趣了解他们玩的游戏，会问他们游戏为什么好玩、是怎么玩的、还有哪些朋友在玩。当我们放低姿态向孩子学习时，他们会非常高兴地分享给我们。

第二，增强判断力。

这个方面非常重要，因为大孩子的家长是不可能直接监控孩子的。家长一定要培养孩子独立判断的能力，知道什么是有价值的信息，什么是垃圾无聊的信息。

我在微信公众号上，专门写过一篇在信息时代如何提高孩子"信商"的文章。这个"信"是信息的信。现在世界上每两天产生的信息量，相当于自文明史产生以来到2003年的全部信息量。在这个信息大爆炸的年代，所谓信商，就是判断信息价值的智商。你要和孩子讨论什么时间花得有价值，什么时间是浪费了，以及如何主动寻找和汲取对自己有价值的信息，如何主动地屏蔽无聊的信息。

这方面的教育不是一两天就能培养出来的，也不是光靠讲道理就能让孩子做到的。我建议你做一些"实战分析"。比如，孩子花很多时间看视频或玩游戏之后，你可以和他讨论以下问题："看的内容对你有什么帮助？""是不是花了很多时间看重复的内容？""这两个小时，如果出去打球，会不会感觉精神好很多？"让孩子自己能够反思。

当我们看到一个演讲者引经据典的时候，我们也可以引导孩子，告诉他必须要花时间读书，才能有这么高水平的评论和见解。经常用孩子的实际生活做例子来和他们讨论，可以一步步地引导他们具备正确的判断能力。

我的一个朋友在家里做了一个特别好的实验：全家人约定在四周时间内都不用电子产品，业余时间可以看书、打牌、玩桌游、做运动等。实验结束后，家长和孩子都可以谈谈感悟，想想错过了什么、得到了什么。有决心的家庭可以试试。

我还想强调言传身教的作用。现在沉迷于电子产品的不光是小孩，还有大人。只是大人看的是朋友圈、视频、吸引眼球的新闻以及所谓"震惊"的健康消息。请你审视一下自己：你在孩子面前花了多少时间看手机？有多少时间在看书？有多少时间在深度思考和交流？

如果你自己每天花在电子产品上的时间很多，就很难说服孩子少玩游戏、少玩手机。你的行为对孩子有非常大的影响，想要孩子不沉迷于电子产品，你得先控制自己在这方面花的时间。

总结一下，对于限制孩子使用电子产品的问题，要分年龄段管理：孩子上小学之前，要严格控制使用，并多带他阅读、玩玩具或者去户外运动；到了初中，你可以让他列出时间表来自己管理时间，并与孩子多沟通，培养他自己的判断能力。最重要的，还是要以身作则。

如何培养孩子的阅读习惯

我非常倡导养成阅读的习惯,这个习惯甚至比学好任何其他具体的功课和技能都更为重要。如果父母只能教孩子一件让他们终身受益的事,那这件事一定是阅读习惯的养成。培养孩子的阅读习惯,是父母一定要花大力气去做的事。

首先,良好的阅读习惯是培养孩子其他许多关键技能的基础。

比如,孩子在写作和演讲时都需要很好的素材。素材从哪里来?孩子阅读多了,就可以信手拈来,引用读来的故事、格言、诗词等。孩子阅读得多,就会自然地模仿各种写作方式,比如新闻如何直指主题、小说如何制造悬念、对话怎么写、结尾怎么写,这些单靠理论是学习不到的。

其次,阅读也是学好其他学科包括理工科的基础。

国内应试教育中，理工科还是解题偏多，而比较先进的国际教程中，比如IB（国际文凭组织为全球学生开设的从幼儿园到大学预科的课程）的教程中，不少理工科的题目也需要阅读理解、分析解题过程。这样培养出来的孩子，会解决实际的问题，也能跟别人讲清楚他的解决思路和过程。他们在阅读的技巧、速度和理解能力方面就会更好。

再次，父母和老师能教给孩子的知识是有限的。

你如果希望孩子纵观古今、遍览世界，只有通过阅读才能做到。长远来看，是否阅读、阅读什么，会影响孩子的视野和格局。

最后，孩子要更好地应对将来快速变化的世界，就需要有自我学习的能力。培养这种能力，除了寻找老师和课程之外，阅读其实也是很好的方式。

知道了阅读的好处，我们具体该怎么引导孩子阅读呢？还是把孩子分成年龄小的和年龄大的，也就是小学毕业前和小学毕业后来区别对待。

教年龄较小的孩子阅读，我想强调三点。

第一，家长引导阅读时要明确一点，学习知识不是目的，养成对阅读的喜爱和习惯才是目的。

所以，从一两岁开始就可以给孩子读书。这个阶段，要给孩子挑选有意思的书。等孩子稍微大一点，也可以由他们自己挑书，即使是图画书或者是文字很少的书也可以。

在孩子小的时候，阅读就是讲故事。讲故事时，你可以边讲边给孩子指出书上的文字，这样孩子就知道文字是可以读的，而且是和故事相关的。你也可以和孩子一起唱歌或者念儿歌，同时把内容和文字结合起来，让孩子觉得文字也是很好玩的。

第二，学龄前的不少孩子喜欢反复阅读，有时候一本书可以读好几个月，甚至半年，这其实没关系。

父母不需要去找很多的书，也不需要"每天

一本新书",孩子需要的是对同样的故事反复讲述,并且故事的题材必须是他们喜欢的。这样每天读故事的时候,孩子会特别有参与感。

第三,在给孩子读书的过程中要停顿,留出空间让孩子参与进来。

你可以让孩子回答些问题,比如说出故事中动物的名字,说说故事中的人物说了什么话等。你还可以和孩子一起表演书中的内容,比如我家的孩子就喜欢一起表演三只小猪和狼的故事。在孩子小的时候,我们要让他把书看成玩具,把阅读看作在玩,让他觉得阅读的过程是舒适、有趣的。

年龄大的孩子。对于上中学以后、可以自己读书的孩子,引导阅读时我也有两个建议。

第一,每天必须为孩子设定阅读时间,哪怕只有20分钟,贵在坚持。

这个时间,可以安排在睡觉前,也可以安排在放学刚回来、做功课之前。在周末,孩子的业余时间就多了，可以安排固定的时间阅读。

现在的孩子普遍功课很多，或者处在考试前夕时间比较紧张，这个时候如何安排阅读的时间呢？

其实，大多数孩子不是完全没有时间，而是不擅长时间管理。家长可以帮孩子规划每天的时间，给孩子列一个计划表，明确地把做功课、休息和阅读的时间段安排好。你如果不希望给孩子增加太多负担，可以一个星期只安排5天阅读，安排在周末的阅读时间可以比平时稍长一点。

第二，尽量不要去限制他阅读的内容。武侠、科幻、传记，什么都可以读。

我们不应该让孩子"只读圣贤书"，因为那些经典的书，学校一般也会要求孩子阅读。

在家里的个人阅读时间，还是要按照孩子的兴趣来，这样他们会为了看内容而阅读，而不是为了"学习"而阅读。

我的两个孩子，英文大都读的是流行小说，比如《哈利·波特》《冰与火之歌》等，中文读武侠、《三国演义》、玄幻小说。偶尔家长也可以提一些建议，推荐一些优质内容的图书给孩子，比如名家的短篇小说、世界著名的演讲集等。但始终要记住：孩子自己主动、持久地阅读，是我们引导阅读的目的。

很多孩子会受朋友的影响而读书，他们会交流书中有趣的情节、评论作者的观点。所以，让孩子交爱读书的朋友，鼓励和朋友们互相推荐读过的好书，共同成长，也是培养阅读习惯的一个好方法。

最后，我还要强调，家长是孩子最好的榜样。家长平时比较空闲的时候也应该多读书。你也可以跟孩子分享一下自己读书的收获，虽然你说的孩子不一定全懂，但是没关系。比如，这两天我在读达·芬奇的传记，里面有些内容讲的是达·芬奇在年轻的时候，设计的很有想象力的新型武器，很有意思，我就会把这些分享给孩子听。这样孩子就知道，家长也在读书，有趣的话题可以从书里来。久而久之，孩子就会养成读书的好习惯了。

✕ 如何培养孩子的运动习惯

很多家长对于精力过剩的"恶魔"儿子或女儿都十分头疼。有这个苦恼的家长，我要先恭喜你，这说明孩子身体健康、好奇心强、兴趣广泛。但我们该怎么应付他们过剩的精力呢？

如果你不希望孩子用过剩的精力捣乱，那就得帮他们找一种好的方式消耗掉这些精力，我认为最好的方式就是让孩子参加体育运动。虽然我主张个性化的教育，但是培养孩子的运动习惯是每个家长都应该关注的，因为运动是一件让孩子终身受益的事。

众所周知，在所谓西方的"精英教育"中，体育运动和体育精神，往往会被放到比学习更重要的位置。这是因为体育在孩子的成长过程中有几个关键的作用。

首先,运动可以增强孩子的体质,而健康对孩子一生的重要性就不需要解释了。

其次,大部分运动都是团队运动,它们能培养孩子的团队意识,让孩子学会配合、合作。学会赢,也学会输,这一点非常重要。我家老二十几年来踢足球,一直都是后卫,虽然进球没有他的光彩,但对手强劲时他的位置就最关键了。多年的锻炼不仅培养了他的团队意识,还形成了他的大局意识,因此他能多次担任球队队长。

再次,现在孩子的生活条件相比过去好了太多,并没有吃过多少苦,而想在体育方面做到出类拔萃,就需要多年反复、艰苦的训练。所以运动是一种孩子学习如何挑战自己、实现长远目标的方式,家长可以用运动来培养孩子的韧性。

我家不是体育之家,孩子也没有特别的体育

天赋，但我仍然希望至少培养孩子的一个体育特长，并且最好能达到参加校队的水平，以训练他们的韧性。我家老大的体育特长是游泳，老二是踢足球，并且除了专项练习一种运动项目外，他们也会参加其他运动项目。

最后，通过我的孩子，我还发现了运动的另一大优点，即能帮助孩子社交。当到了一个陌生的地方，比如夏令营、大学入学，运动很容易让他们交到朋友。

既然运动如此重要，那该如何帮孩子选择他们喜欢的运动，并帮他们坚持呢？

在运动种类的选择上，家长应该多尊重孩子的意见。父母如果根据自己的喜好，或者别的孩子的选择，强迫自己的孩子学习某项体育运动，孩子可能会学得很痛苦。而让孩子做自己喜欢的运动，他会特别享受，别人挡都挡不住。

至于孩子到底对什么运动感兴趣，是要在不

断的尝试中发现的。孩子小的时候，如三四岁，一般看不出在哪方面有运动才能，这时候应该让他做多种尝试。

同智力上的多种智能一样，孩子的体育才能也是不一样的。每个孩子在运动方面的发育速度不一样，家长不能着急，要多鼓励、多表扬。

我家老大小时候就曾尝试过多种体育活动。他长得比较高，本来以为可以打篮球或者排球，但试过之后发现他都不擅长。经过各种尝试，最终还是找到了一个符合他性格的运动——游泳。

这是单人、枯燥的运动，训练时常常只是两个小时一直来回游，但他却非常喜欢。后来他还参加了校队，即使是高中课业最忙的那年，他也坚持每周都训练。他说游泳不仅能帮助他提高竞争力，也是减轻压力的最好方式。

所以在孩子小的时候，要鼓励他们多尝试，享受运动的乐趣，同时培养基本的运动技能和运动素质。

孩子到了小学高年级，往往会对某项运动表现出更高的兴趣或者才能。这个时候，建议家长们观察一下孩子的喜好和特长，然后和孩子一起决定，在哪一两样运动上进行深度培养。还可以帮孩子找个校内或校外的好的运动队或教练，让他有规律地训练，比如每周两到三次，而且要鼓励孩子不能轻言放弃。

到中学以后，不少在公立学校上学的孩子功课加重，大多数孩子和家长直接取消了留给体育的时间。但我的观点是，在有条件的情况下，还是要继续支持孩子运动。

另外，孩子付出，家长也要付出。家长要拿出带孩子补课、学奥数的精神，在课外、周末的时间计划表里尽量安排固定的运动时间。时间从哪里来呢？对此我有两点建议：

第一，可以和孩子商量，为了在课后能有时

间进行他们喜欢的运动，在学校就尽量把功课做好。这样学习、运动两头都不会耽误，一举两得。

第二，减少孩子看电视、打电游的时间，用运动来代替。

家长还可以有意识地为孩子创造更多外部的运动机会。比如，现在不少学校里有运动队，在校外还有各种运动集训营或者夏令营，家长可以多送孩子去参加。有一个我认识的家长，在孩子功课很紧的情况下还能争取保证孩子每天一小时的运动量，所以，运动这件事是有持续执行的可能性的。

最近，我有机会组织了四个优秀的高中同学给小学生们分享了自己的学习经验。不约而同地，四个同学都提到了体育锻炼对自己的帮助，包括锻炼意志、增强团队合作能力、减压等。从孩子们的直接经验中，我们也可以看出运动对成长的强大助力。

祝你的孩子身体健康，在运动中释放他们的天性。

╳ 如何让性格内向的孩子自信地与他人交往

很多家长都会有这样的困惑：自己的孩子比较胆小，能和熟悉的孩子一起玩，但对不熟悉的孩子，他就会害怕。比如去游乐园，有两个或更多小孩靠近时，他就会紧张，会找借口去玩别的。或者他正在玩玩具，别的小朋友从他手里拿走玩具，他也不敢出声。

面对这种内向的孩子，家长该用什么方式鼓励孩子呢？

现代社会崇尚领导力，从孩子就开始了。我们希望孩子在各方面都出头，学习上争第一，体育上打败别人，最好还是班干部，一呼百应。但如果我们的孩子不是这样的,该怎么办?这世界上本来就有一半的孩子是内向的,也有90%的孩子以后只能被领导。

其实,我的两个孩子也都是内向型的。我曾在公众号上写过一篇文章《我的儿子是后卫》,讲我家老二,在踢足球的十几年里,别的孩子都争当前锋和边锋,而他一直选择做后卫。踢球的很多年里,他一直都不是球队里最出风头的队员。然而到了高中,他成了球队的队长和"最优球员"。所以,我想分享两点建议。

第一,要学会接纳孩子本来的样子。

回顾自己的历程,我们常常发现,现在处于关键领导位置的人,往往不是小时候冲在最前面的人,有太多的因素会影响一个人的成长。

畅销书《从优秀到卓越》(*Good to Great*)中有很多对优秀CEO的研究,作者发现,他们不是魅力无穷的预言者、演说家,他们的共性是谦逊、自我约束、勤奋、讲求效率。他们能够理解他人，并且有足够的耐心在一件事上反复操作。从性格特征来看，作者研究发现，公司的CEO正好一半是内向的，一半是外向的。他们有不同的领导方式，但是都可以做得很好。

我们要接纳自己的孩子，接受他们的性格，不要认为胆子小或者内向是不好的。许多内向的人，都是有"定力"的，我们的孩子完全可以成为这样的人。

第二，不做包办一切的父母。

家长想帮孩子自信地与他人交往，不被别人欺负，就要先弄清楚孩子怕和别人接触，或者不敢出头的原因。明确了原因，才能够更有效地帮到孩子。

孩子不愿意和他人交往，原因归纳起来无非是两方面：不习惯独立处理问题，怕失败；不擅长交往和表达。

前文提到过"直升机父母",他们会在很多时候闯入孩子的生活,防止孩子犯错或失败。这种提供过度保护的父母是想让孩子得到最好的一切,但是从长远来看,他们的做法弊大于利。被过度宠溺、控制的孩子,会缺乏自尊,并且容易焦虑。

想让孩子自信地与他人交往,家长要做的第一件事,就是要让孩子真正独立地去与其他孩子相处。即使出现矛盾,也让孩子自己去处理。只要不是出现危险的情况,家长尽量不要干预。

同时,家长要知道,孩子在探索的过程中难免会不完美、会犯错,然而从错误中学习是成长的一个必不可少的部分。如果不让孩子经历这个过程,不仅会妨碍孩子的成长,而且会制造家长和孩子的焦虑情绪。

孩子把大人交代保存的东西弄坏了,不少家长会立即大发雷霆。这样的情况多发生几次,孩子就会变得不愿意担负责任,因为他担心自己一不小心把事情弄砸,大人就会发火。

还有很多家长看不得孩子落后于他人,只要落后一点,就不断责备他们。这样的情境下,孩子总觉得自己会做错,胆子也就越来越小。

在训练孩子独立处理问题方面,我们最好能教他们一些处理问题的方法。

我们可以利用一些生活中的例子,直接和孩子谈论如何处理问题。比如,我们可以告诉孩子,如果有人抢玩具,可以说"不行"或"我们一起玩";如果别的孩子动手打架或者欺负人,可以告诉老师或家长;如果别的孩子做危险的事,可以阻止或者不参与。

教育的关键,还是要孩子学会自己处理问题,家长不能越俎代庖、插手去处理。同时,要时刻和孩子保持沟通。久而久之,孩子就会自信地和别人相处了。

在培养孩子交往和表达能力方面,我们也可以借助日常生活的很多场景。比如,多创造一些交往的机会，带孩子去亲戚朋友家，和不同年龄的孩子玩；带孩子参加群体活动，可以是打球、跳舞、玩游戏等。

在群体活动中，孩子会自然而然地和其他孩子交往、表达自己。这里特别提醒家长注意一点，孩子的活动氛围要轻松，不要在这些团体活动中带入太多竞争感。

对内向的孩子，活动前要多给一些"预热"时间，提前告诉他们将要发生的事情，将要见到的人。这样可以缓解孩子在活动中的紧张感。

孩子有时候表现得比较好，要及时给孩子正面的鼓励，比如告诉他"你主动和那个孩子说话，现在你多了一个朋友，你们玩得很好"。这能让孩子感受到接纳别人和被别人接纳的喜悦。如果孩子的行为有反复，也不要勉强或指责，要给他们更多的时间调整。

总之，性格内向不是缺点，内向的孩子一样

可以成长为拥有领导力的人。另外,不要因为过分关爱而为孩子包办一切,要放手让孩子独立处理问题。同时,家长在孩子成长的过程中要有耐心,多与孩子沟通。

孩子们的路很长,机遇不可预知。无论内向还是外向,他们都可以水到渠成,成为自信的孩子、有用的人,成为有他们自己风格的领袖。

出版说明

《教养升级》系列包括：《如何培养孩子的主动性》《如何做好孩子的情绪教养》《如何培养受欢迎的孩子》《如何培养面向未来的孩子》。

四册书由四位作者分别撰写而成，书中的教育方法和观点，建议家长结合家庭实际情况做出相应判断和选择。